Großflächig schraffieren

1

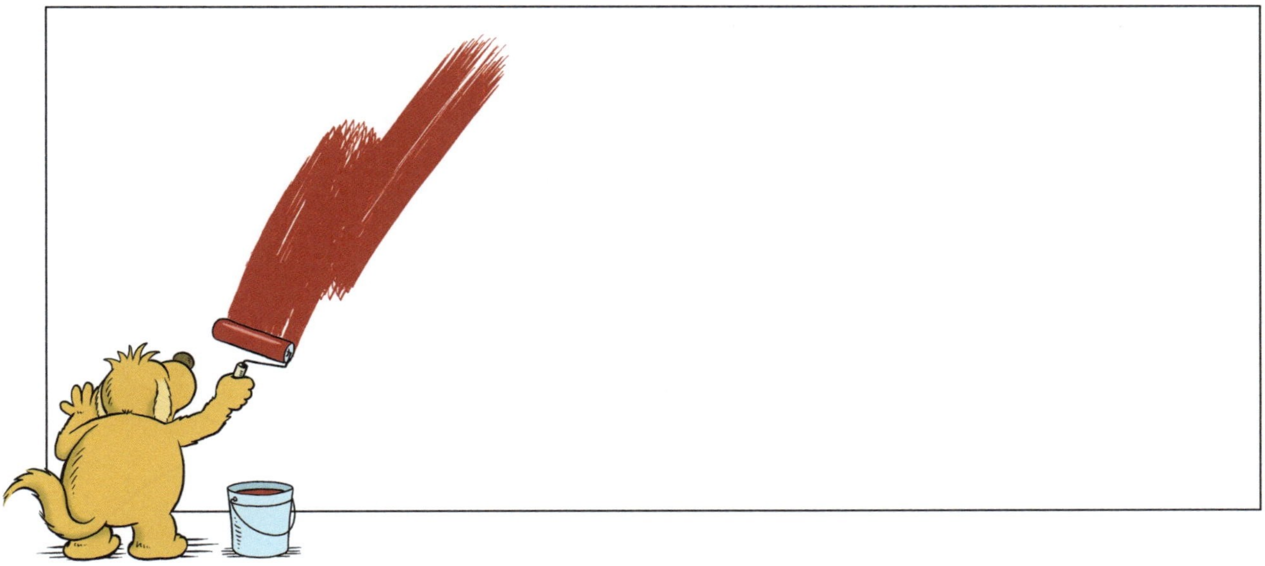

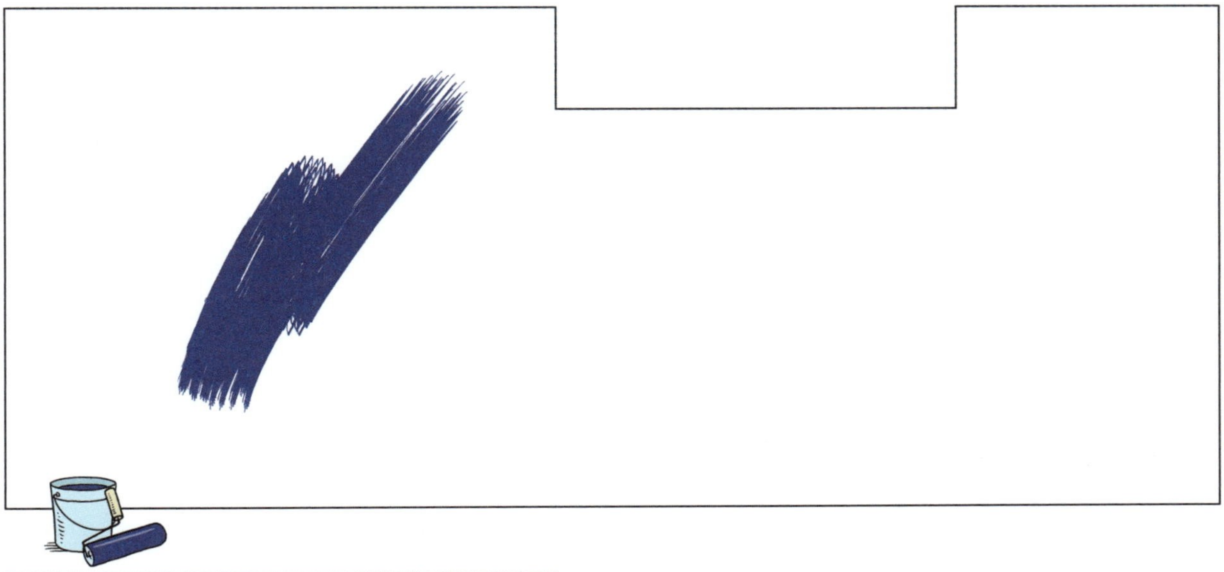

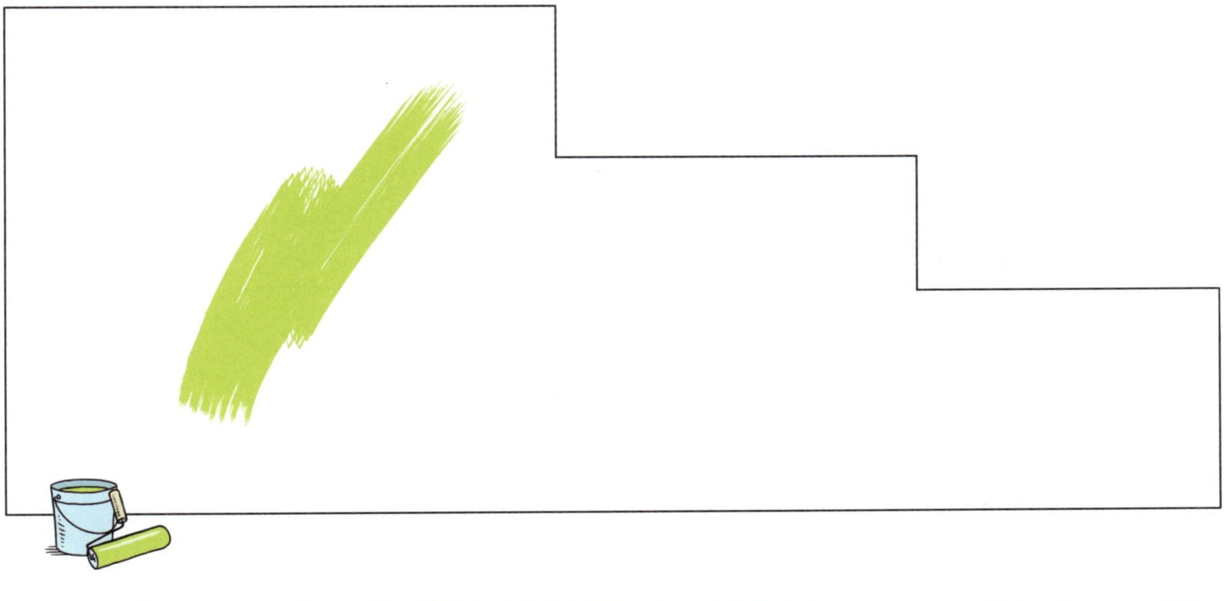

1 Hilf Max, die Wände zu streichen.

Flächen ausmalen

1

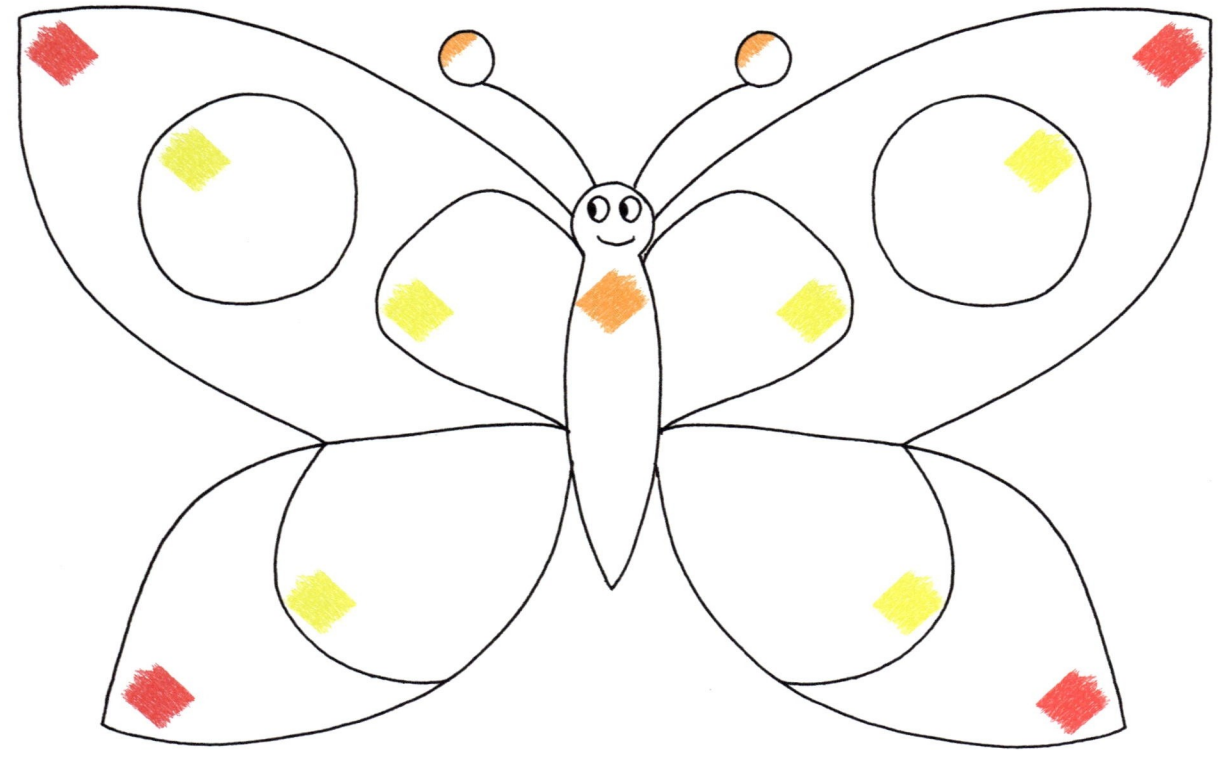

2

1 Male die Flächen in den angegebenen Farben aus, ohne die Linien zu übermalen.
2 Male die Flächen in verschiedenen Farben aus, ohne die Linien zu übermalen.

Linien ziehen

 1

Nachspuren

1

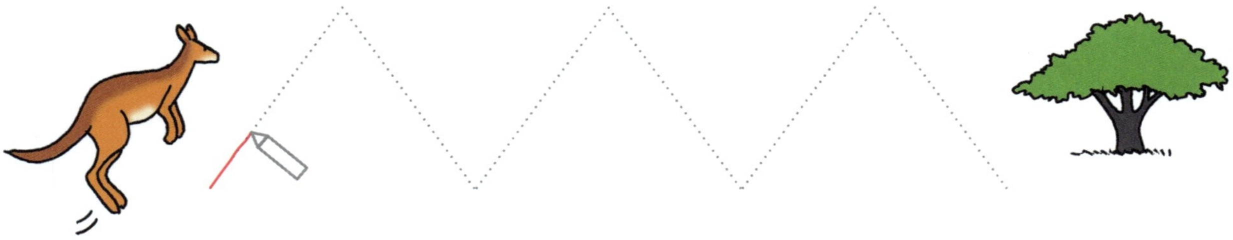

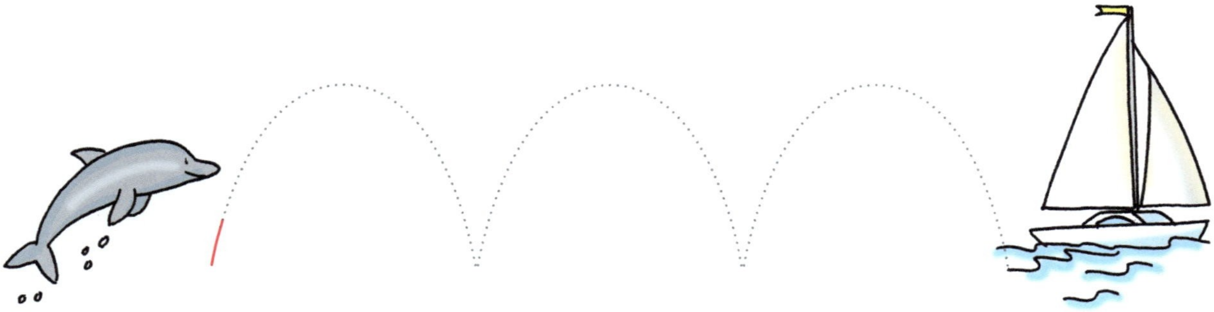

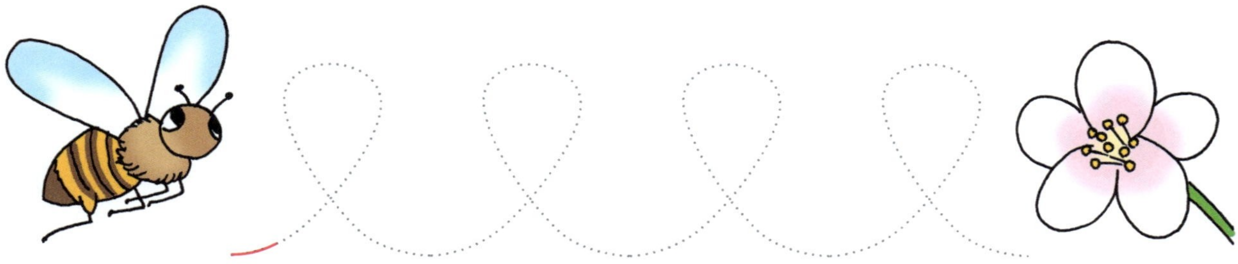

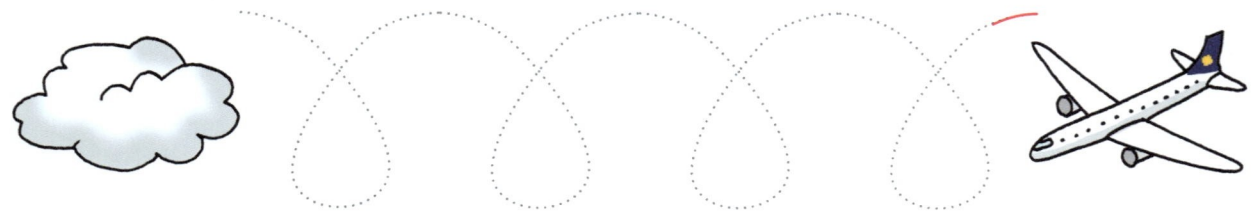

1 Spure nach.

Suchaufgaben

1

2

1 Finde die 6 versteckten Bälle und kreise sie ein.
2 Finde die 6 versteckten Eimer und kreise sie ein.

Figuren suchen

1 Findest du alle Dinge? Spure in der entsprechenden Farbe nach.

Figuren suchen

1 Findest du alle Dinge? Spure in der entsprechenden Farbe nach.

7

Wege finden

1 Finde heraus, welche Katze mit welchem Wollknäuel spielt.
Spure dazu die Linien in den vorgegeben Farben nach.

2 Max möchte zu Mini. Zeichne den Weg ein, den Max gehen muss.

Lage erkennen

1

1 Wo sind die Tiere auf dem großen Bild? Kreise das passende Bild unten ein.

Position erkennen und vergleichen

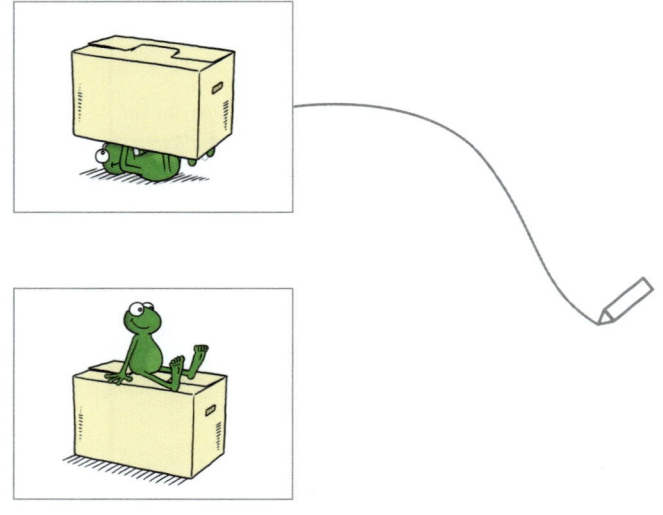

1 Was gehört zusammen? Verbinde.

Lage bestimmen

1

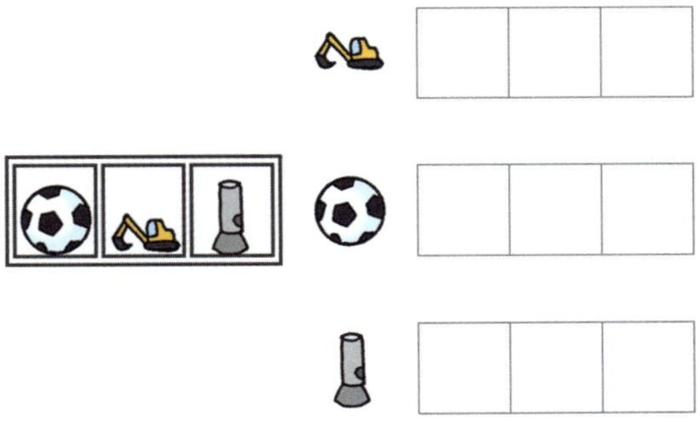

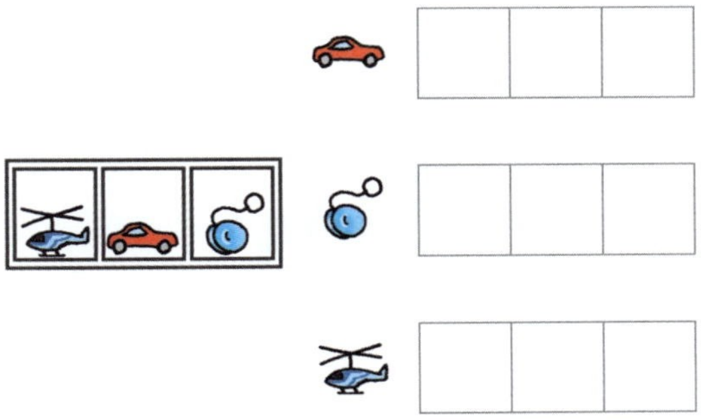

1 Mini und Max räumen auf. Kreuze an, in welches Fach die Spielzeuge jeweils gehören.

11

Muster übertragen

  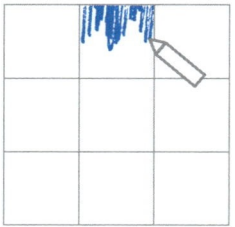

 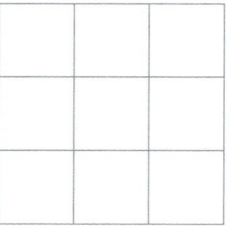

 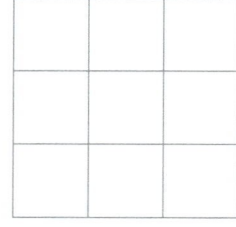

1 Übertrage die Muster.

Fehler suchen

1

2

3

1 – 3 Vergleiche die Bilder. Kreise die fünf Fehler ein.

Gleiche Bilder finden

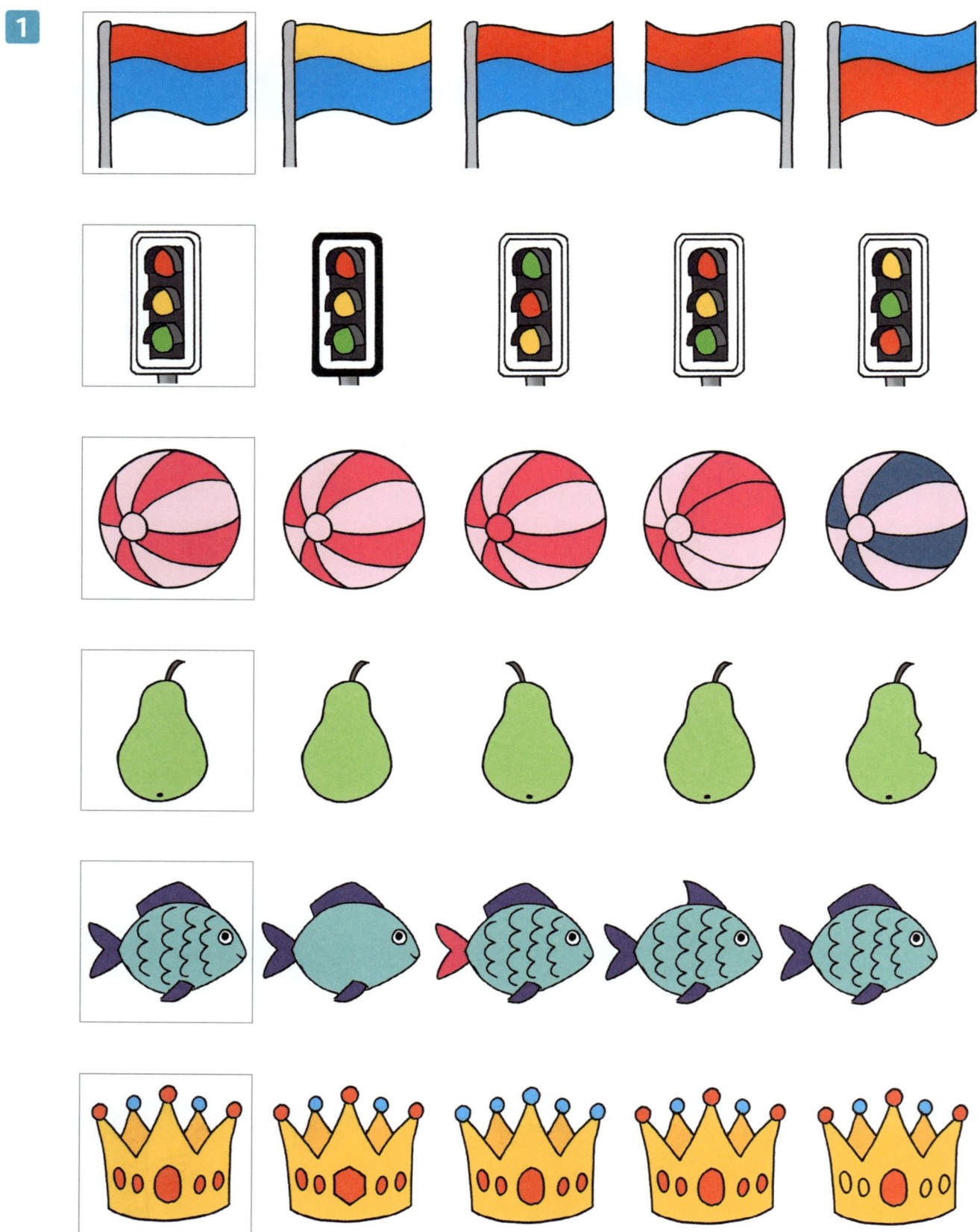

1 Finde das gleiche Bild. Kreise es ein.

Schattenbilder zuordnen

1

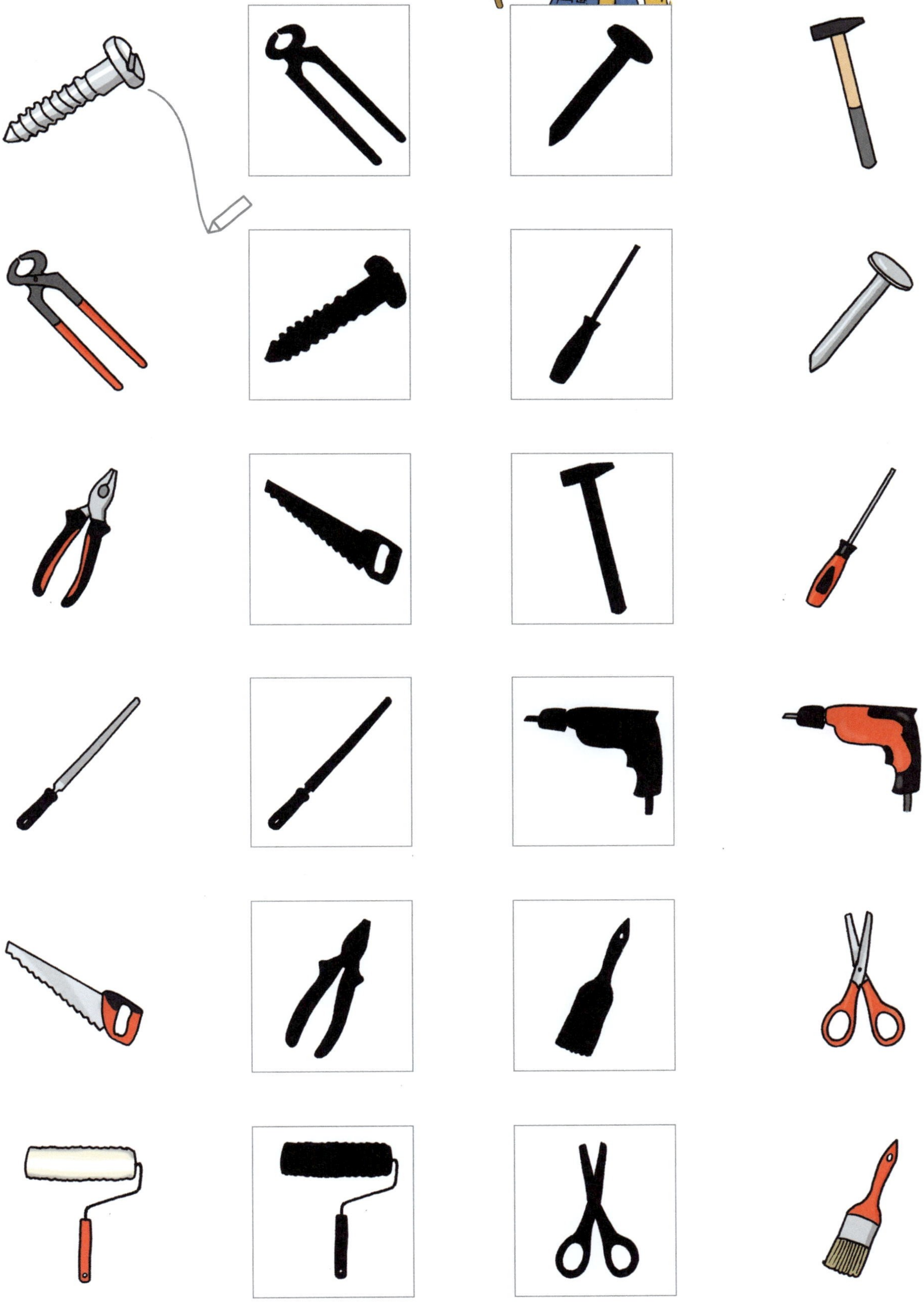

1 Finde den Schatten, der zu dem jeweiligen Gegenstand gehört. Verbinde.

15

Formen unterscheiden

1

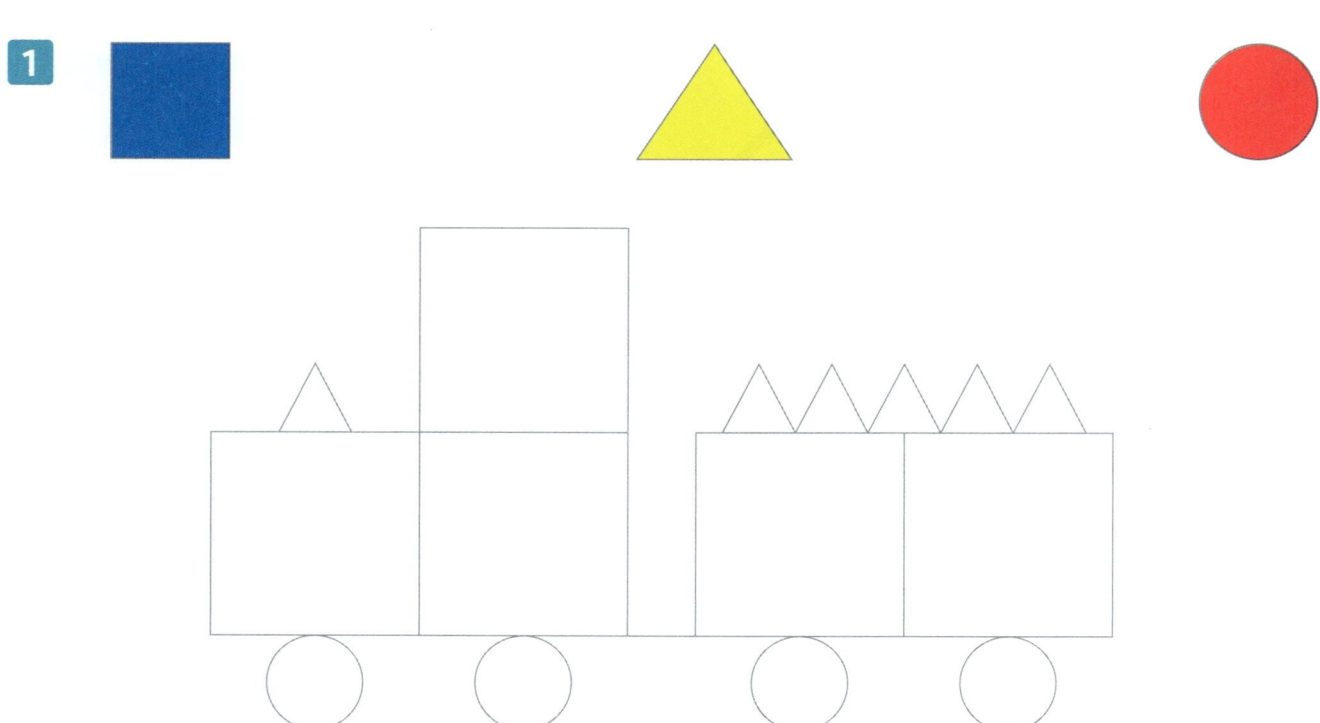

2

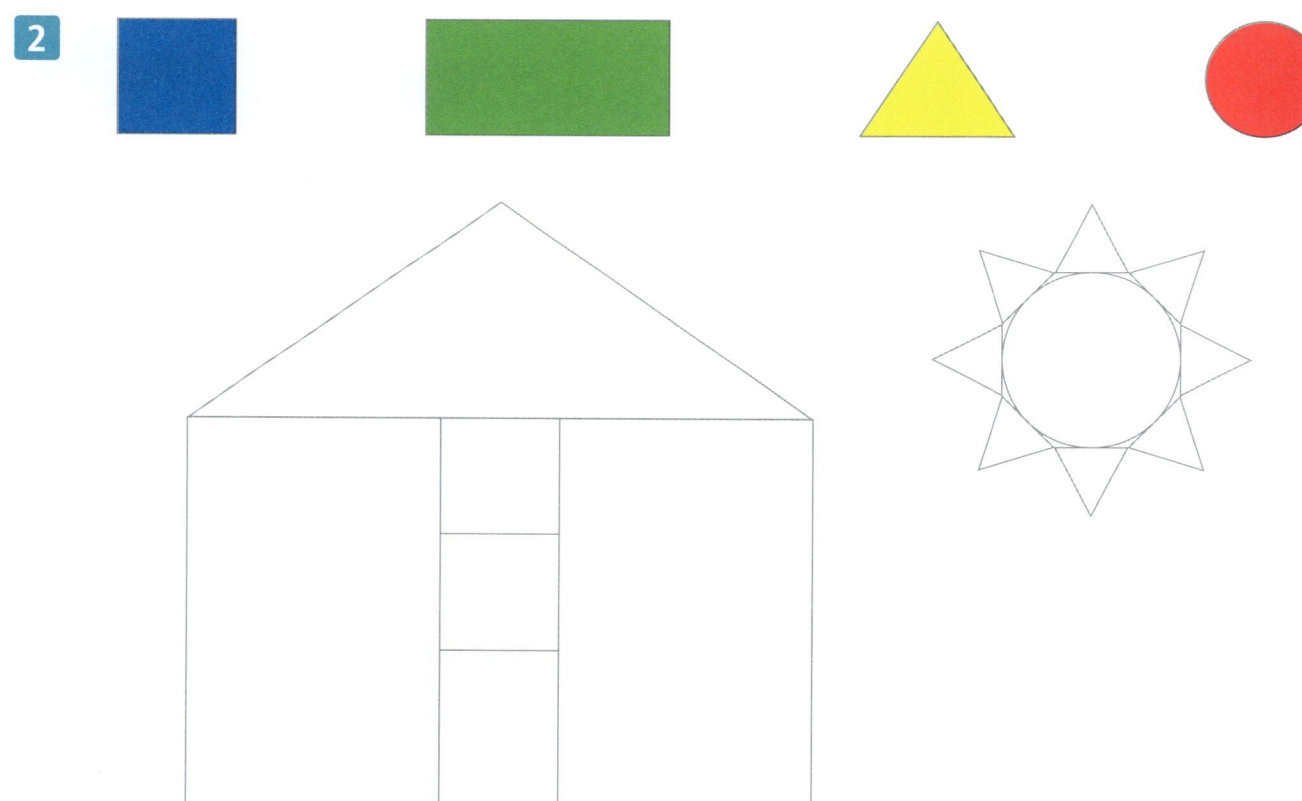

1 , **2** Male das Bild in den vorgegebenen Farben an.

Formen finden

1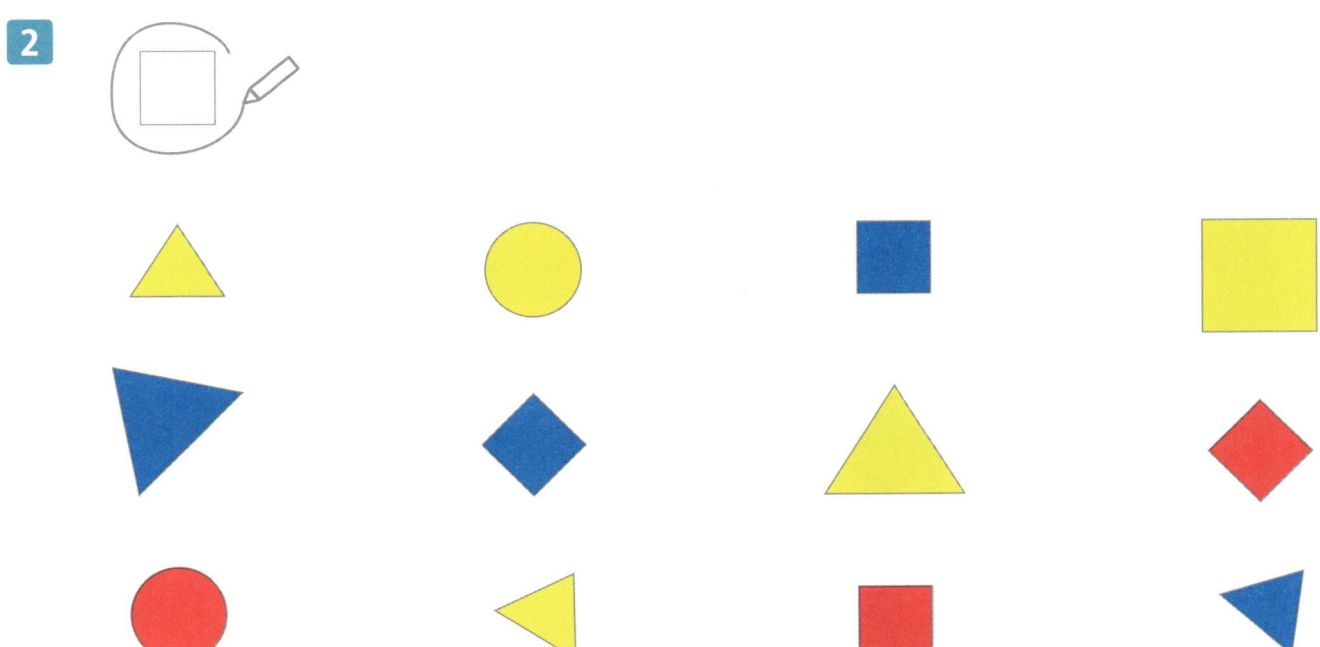

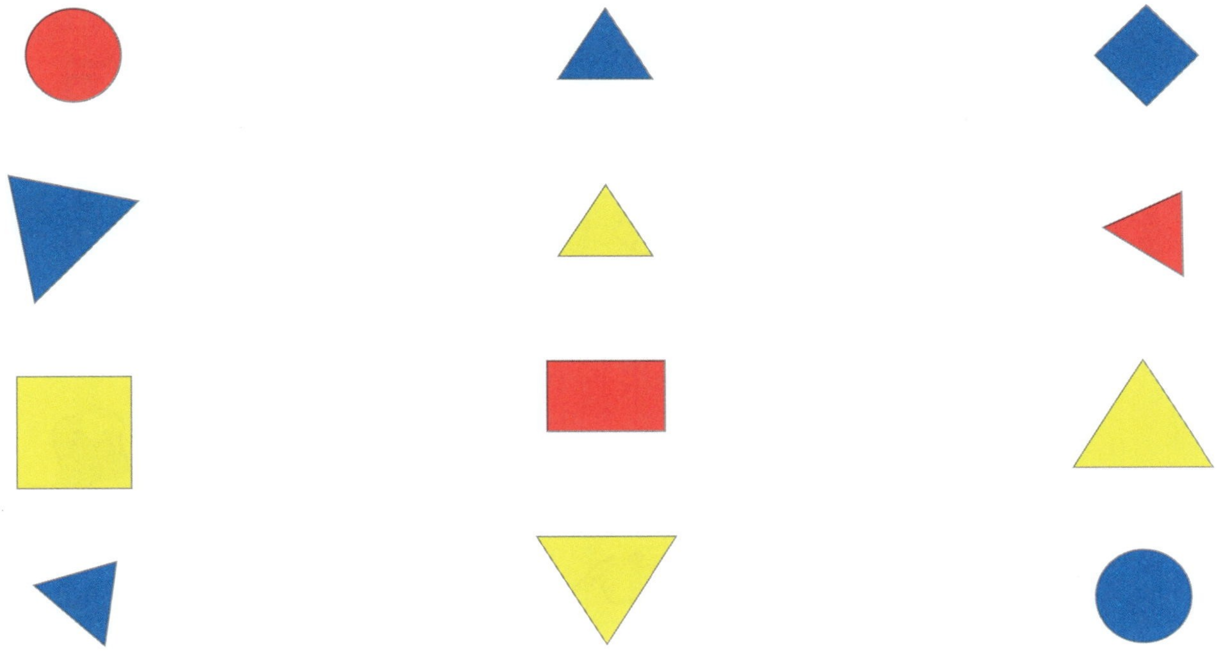

1 Kreise alle Dreiecke ein.
2 Kreise alle Quadrate ein.

17

Groß und klein unterscheiden

1

1 Was gehört Max? Kreise die Sachen rot ein.
Was gehört Mini? Kreise die Sachen blau ein.

Der Größe nach sortiert

1 Der Größe nach sortiert. Wo ist der Fehler? Streiche durch.

19

Farben unterscheiden

1

1 Was passt nicht? Streiche durch.

Farben unterscheiden

1 Welche Bilder passen nicht zur Farbe des Rahmens? Streiche sie durch.

Farben benennen

1

2

1, **2** Spiel das Farbendiktat mit einem Partner.

Figuren zerlegen

1

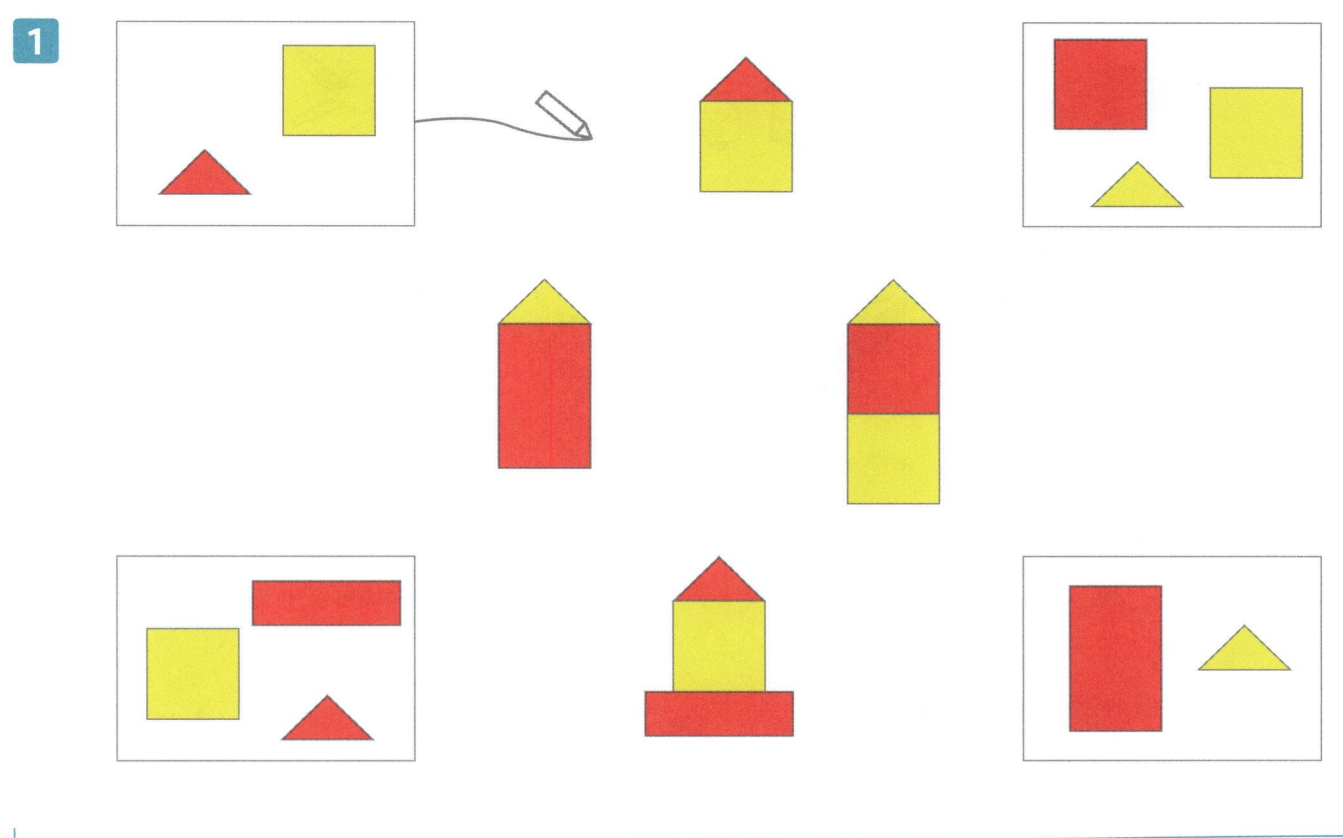

2

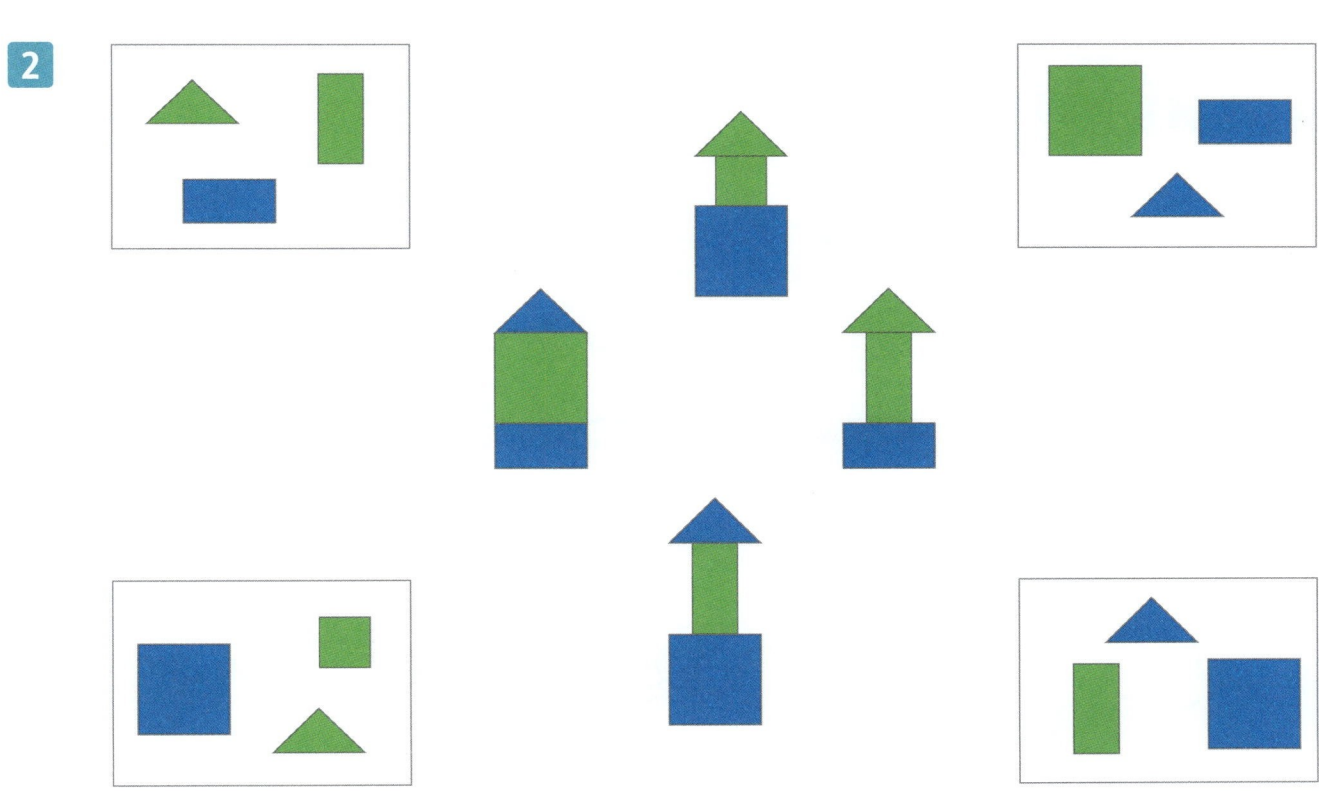

1 , **2** Mini baut Häuser. Erkennst du, welche Steine benutzt wurden? Verbinde.

23

Gruppen erkennen

1

1 Was passt nicht? Streiche durch.

Bilderfolge fortsetzen

1

| 1. | 2. | 3. |

| 1. | 2. | 3. |

| 1. | 2. | 3. |

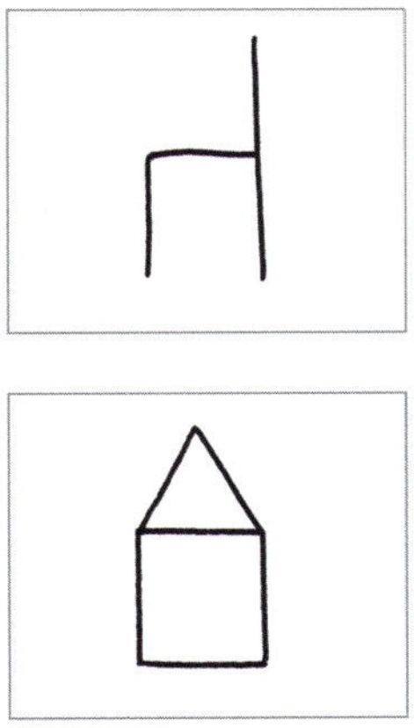

1 Wie geht es weiter? Verbinde jeweils den Rahmen mit dem passenden Bild.

25

Passendes Bild finden

1

1.	2.	3.	4.

1.	2.	3.	4.

1.	2.	3.	4.

1.	2.	3.	4.

1 Welches Bild passt in den freien Rahmen? Verbinde.

Muster erkennen

1 , 2 Male die weißen Waggons in den richtigen Farben an. Schaue dir dazu den großen Zug an.

27

Muster vervollständigen

1 Einige Kästchen sind weiß geblieben. Male sie in den passenden Farben an.

Eins für jedes Kind

1 Ordne den Kindern die Gegenstände zu. Verbinde.

Eins für jedes Kind

1

1 Jedes Kind erhält einen Gegenstand. Zeichne ein, was fehlt.

Mengen repräsentieren

1

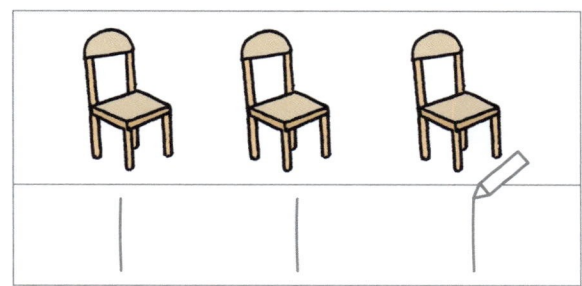

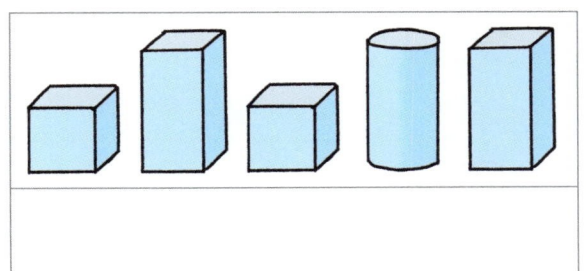
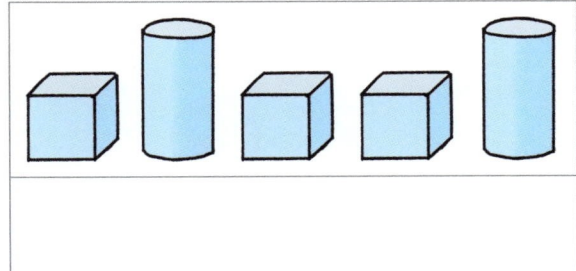

1 Zeichne für jeden Gegenstand einen Strich.

Mengen repräsentieren

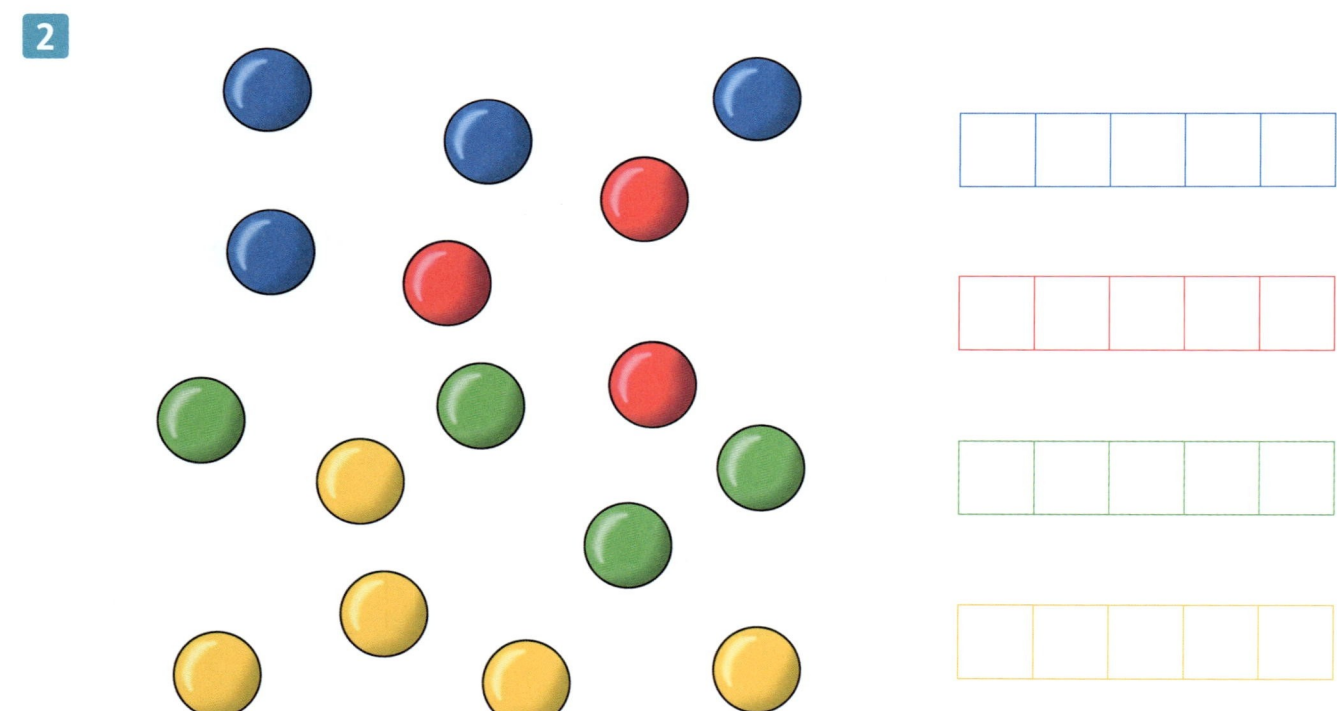

1 , 2 Zeichne für jede Kugel einen Strich in das passende Kästchen.

Mengen vergleichen

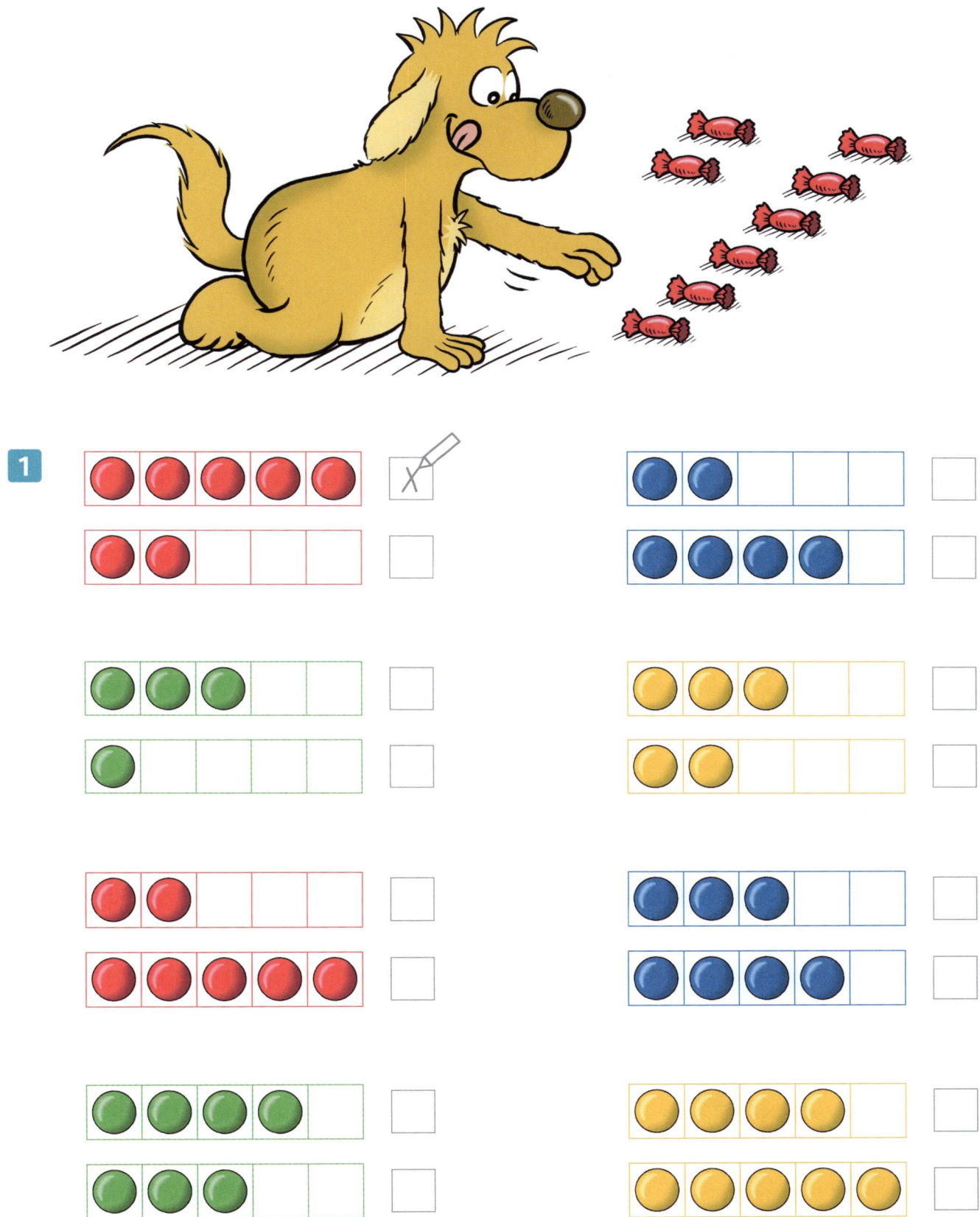

1 Welche Reihe soll Max nehmen? (Wo sind mehr?) Kreuze an.

Mengen vergleichen

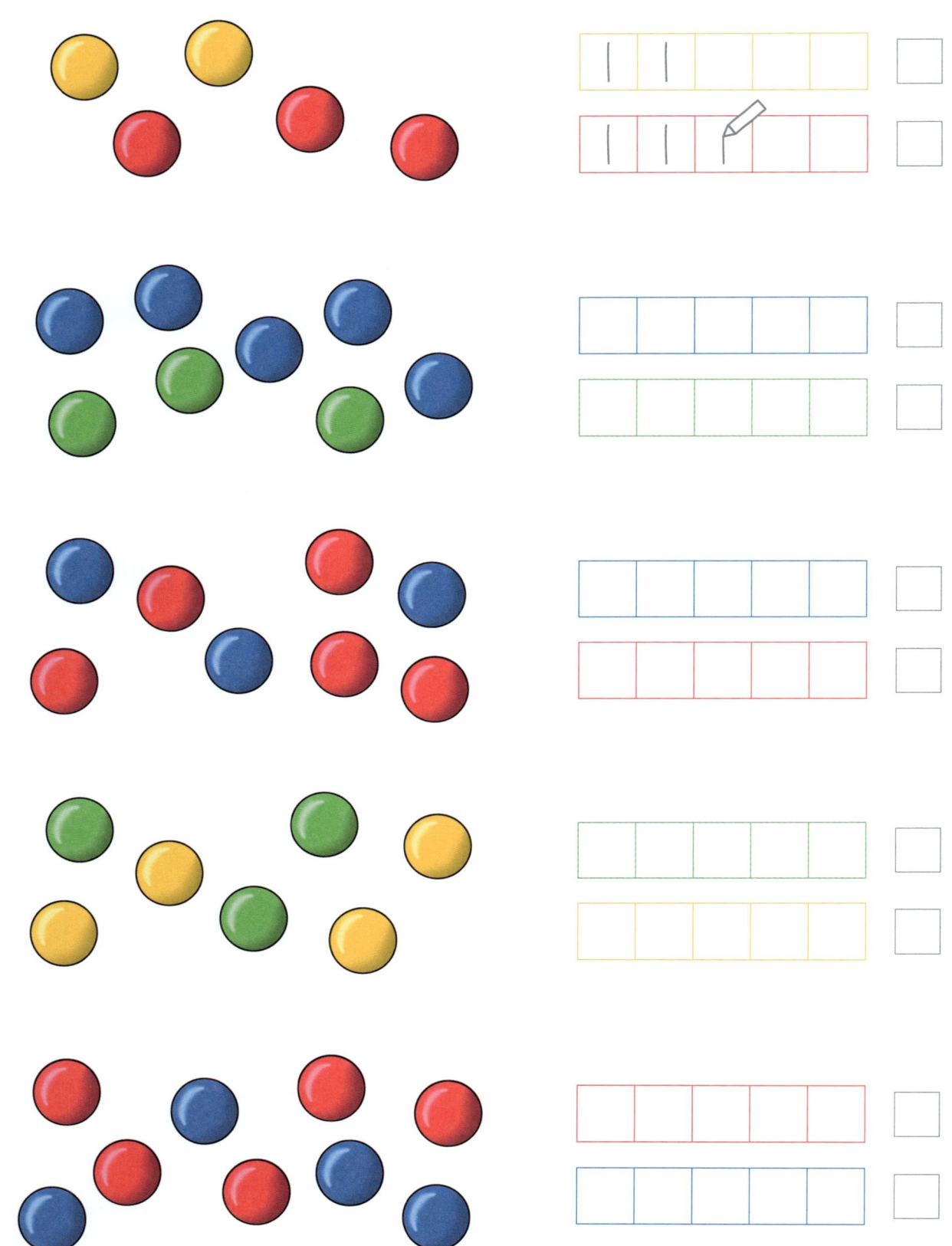

1 Von welcher Farbe gibt es jeweils mehr? Übertrage und kreuze an.

Mengen vergleichen

1

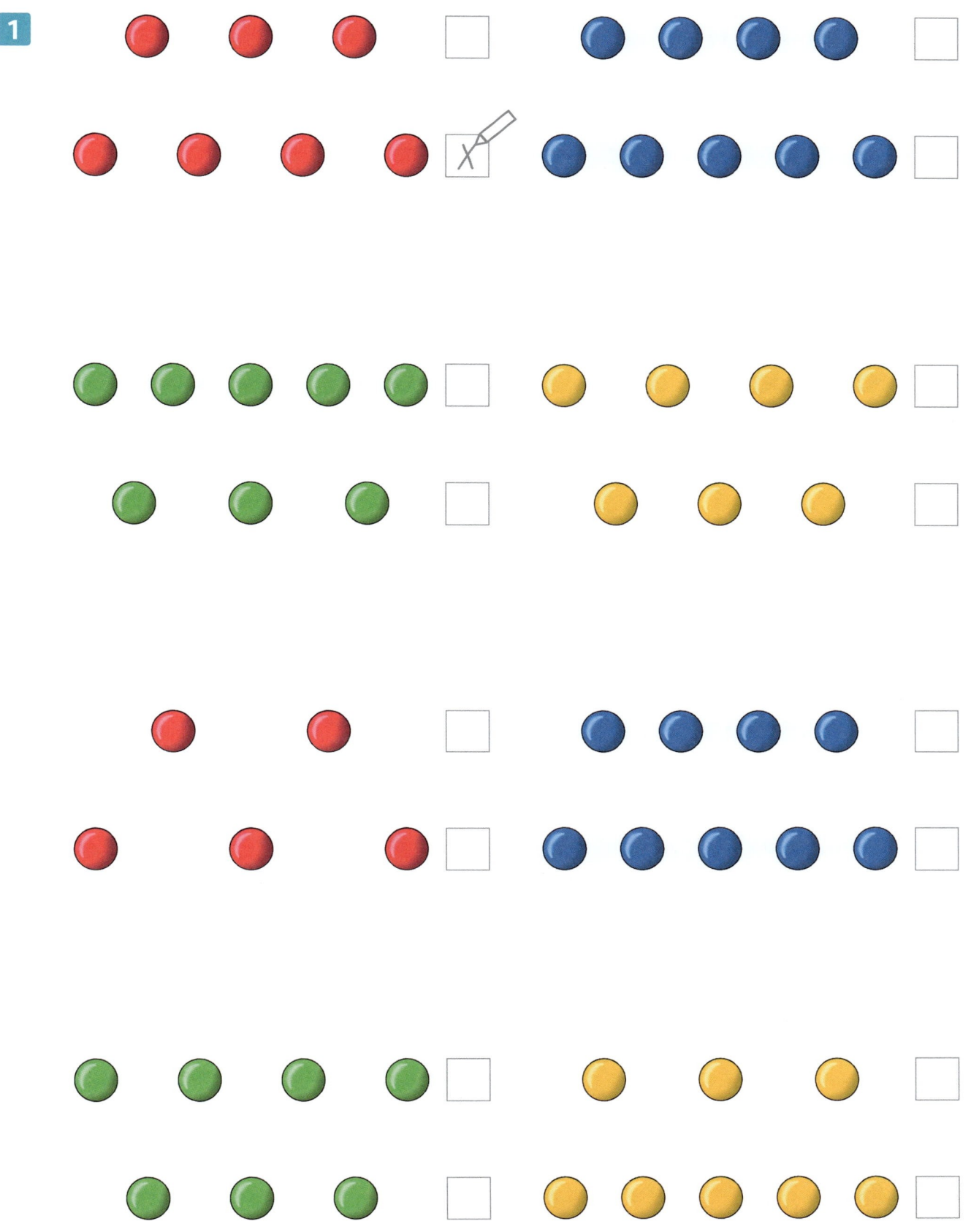

1 Wovon gibt es jeweils mehr? Kreuze an.

35

Mengen vergleichen

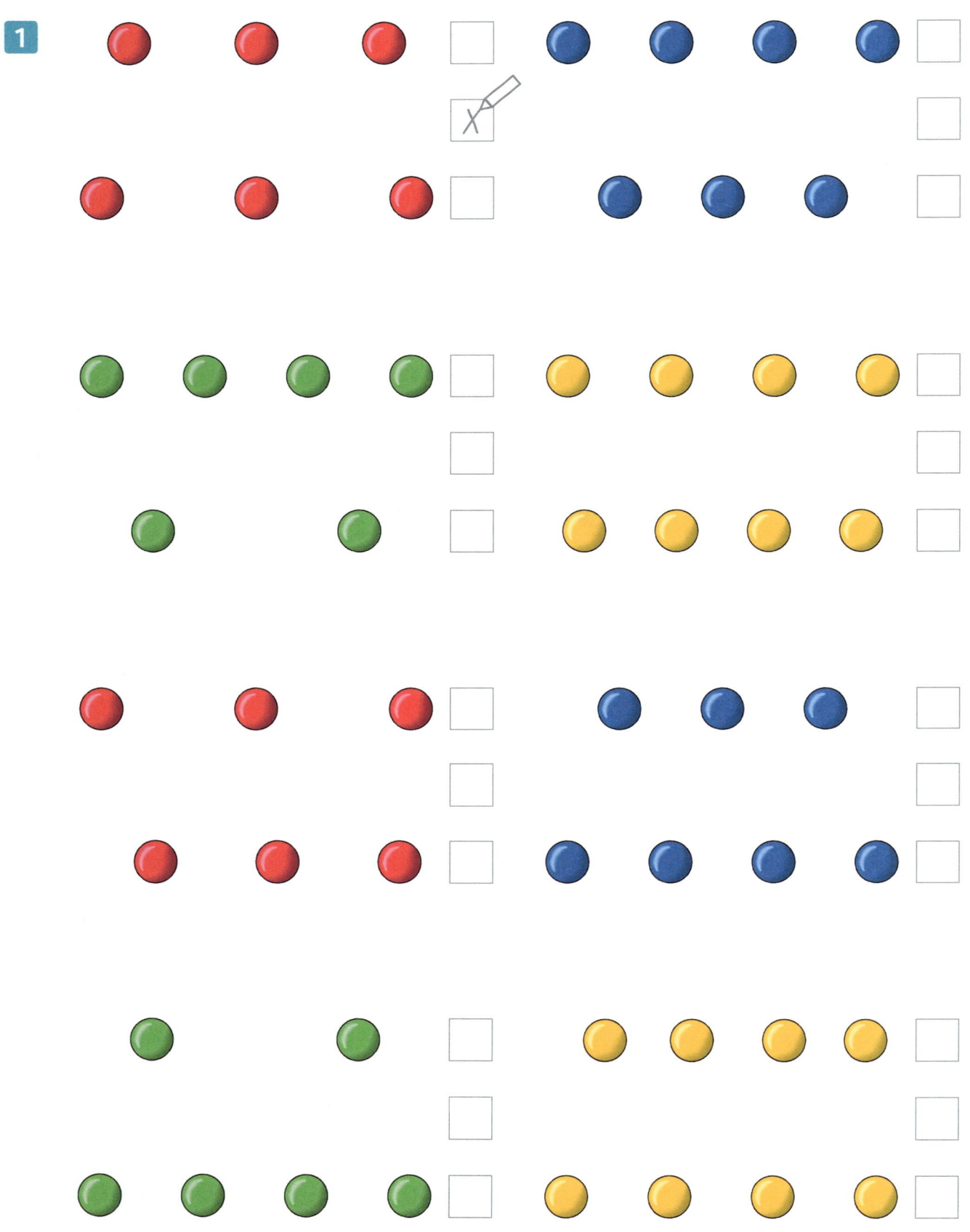

1 Mehr, weniger oder gleich viele? Kreuze an.

Von der Anordnung absehen

1

2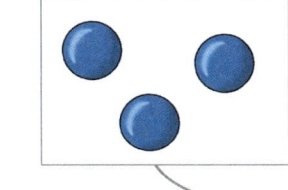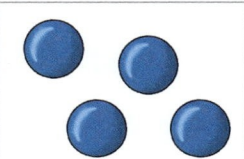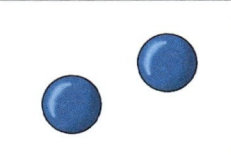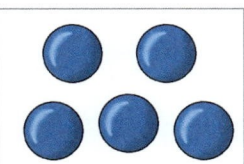

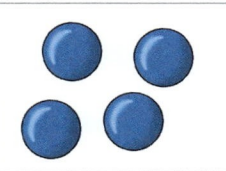 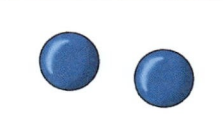 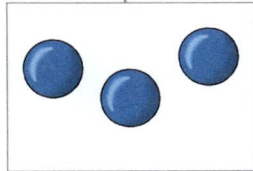 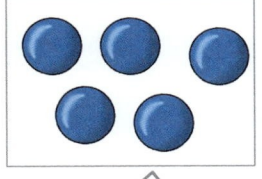

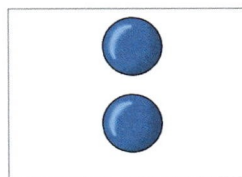 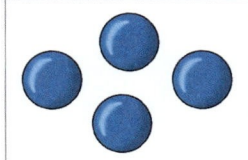 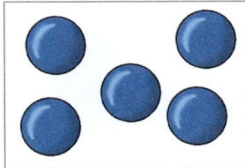 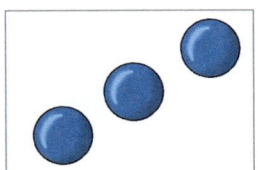

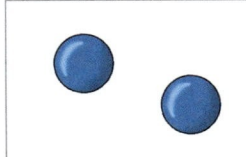 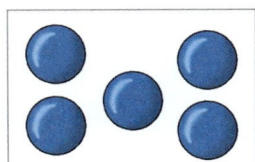 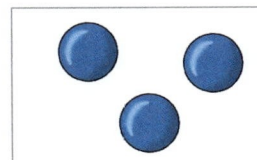 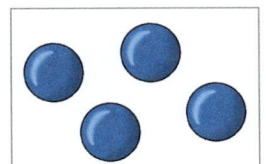

1, **2** Verbinde gleich große Mengen.

Von der Gestaltung absehen

1

2

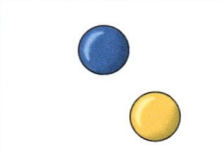

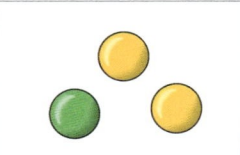

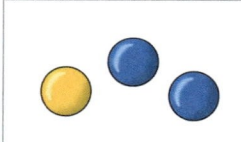

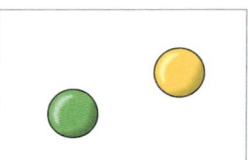

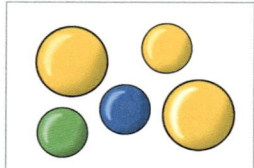
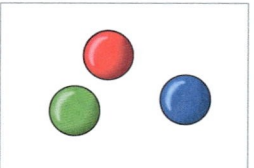

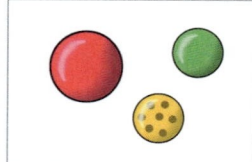
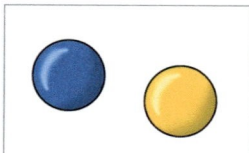

1 , 2 Verbinde gleich große Mengen.

Mengen klassifizieren

1

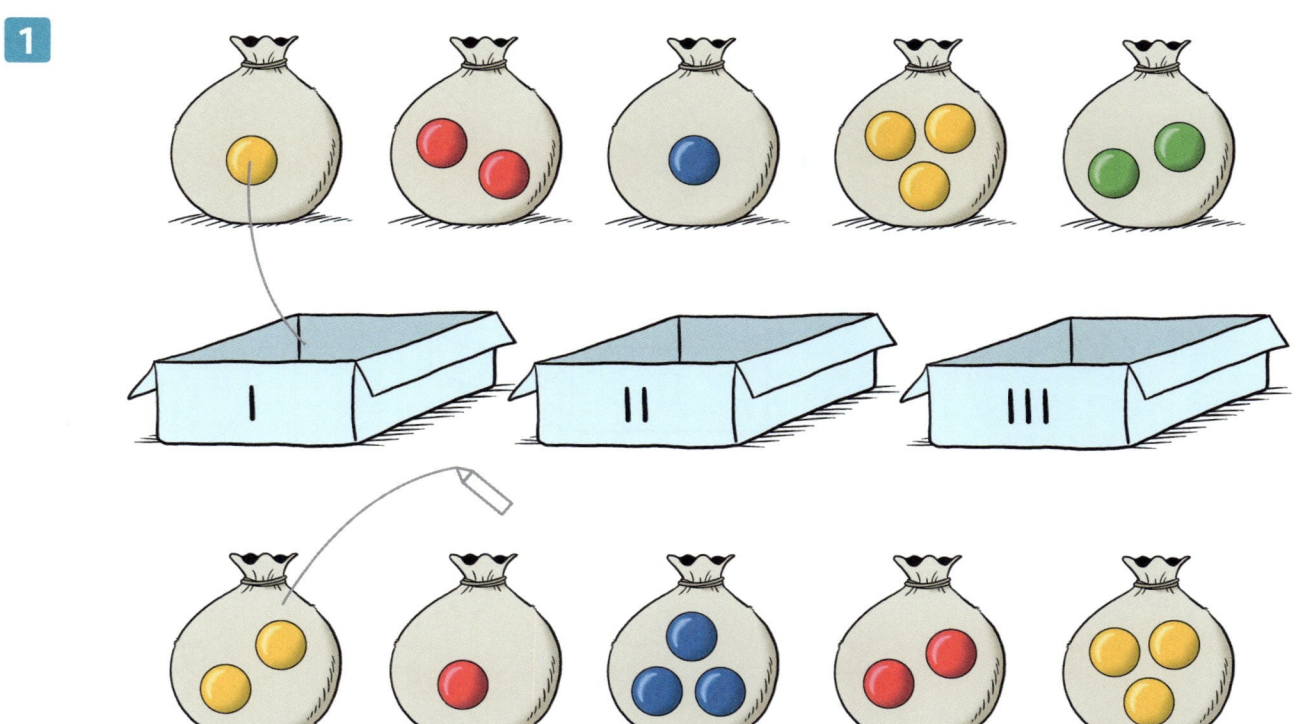

2

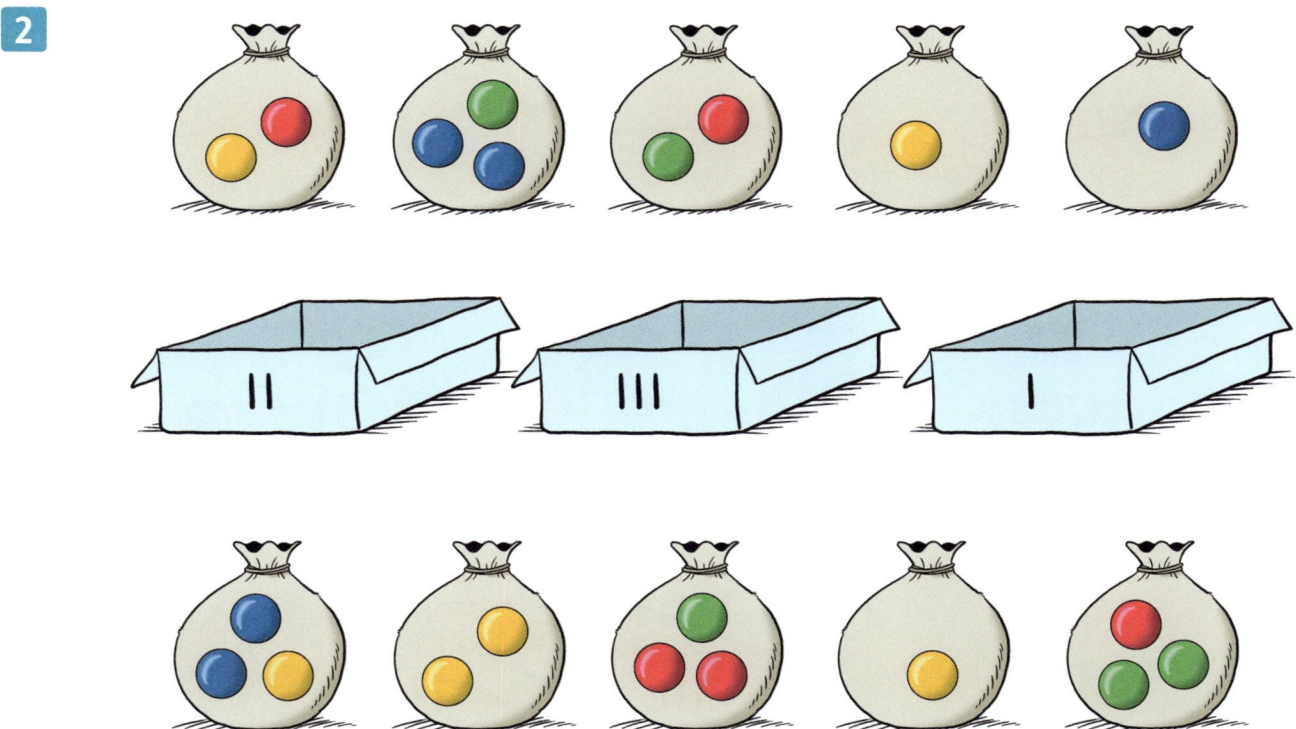

1 , **2** Verbinde die Säcke mit den richtigen Kartons. Achte darauf, dass die Menge an Kugeln und
die Menge an Strichen auf dem Karton gleich sind.

Mengen anpassen

1

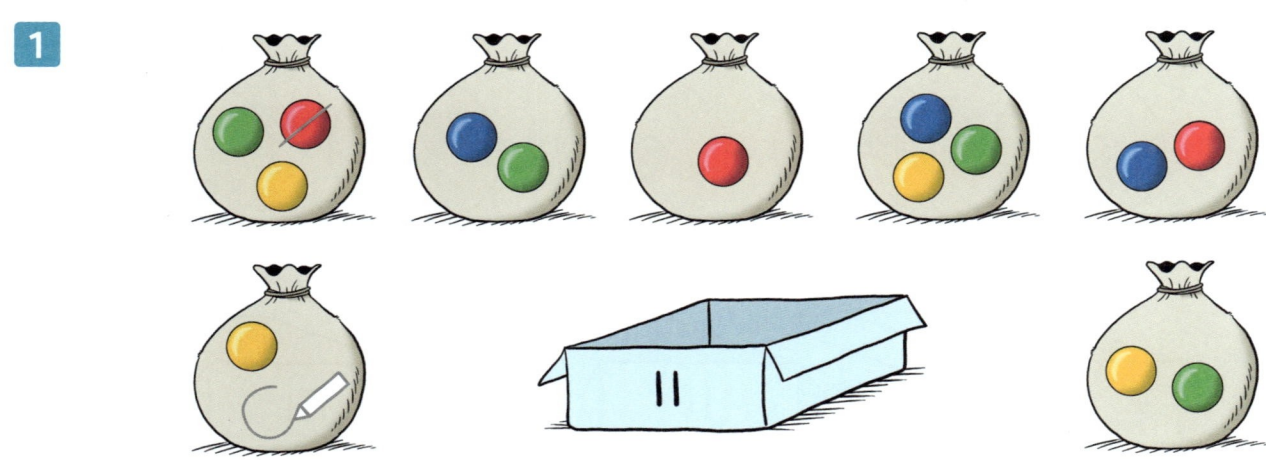

2

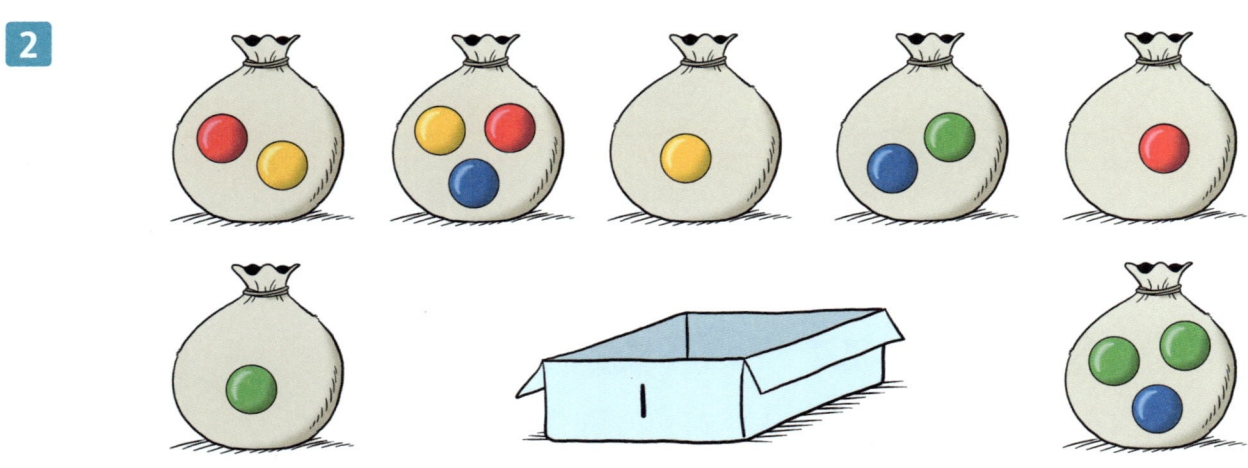

3

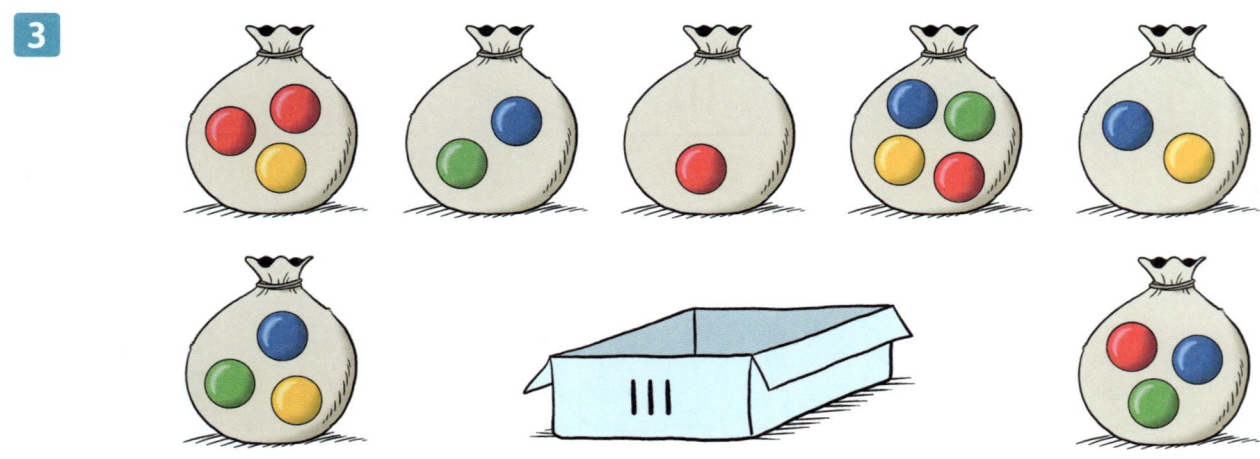

1 – **3** Überprüfe, ob alle Säcke richtig gefüllt sind. Zeichne Kugeln hinzu, wenn welche fehlen. Streiche Kugeln durch, die zuviel sind.